새 교과서에 따른 예쁘고 바른 글씨
국어교과서

한글쓰기와 국어활동

초등학교 1~2학년군

2-1

한글쓰기와 국어활동의 특징

어린이들이 글씨 쓰는 순서를 바르게 배울 수 있도록 구성하였습니다.

어린이들이 자음과 모음의 조합에 의해 소리가 형성되는 원리를 스스로 깨달아 복잡한 글자도 자연스럽게 읽고 쓸 수 있도록 구성하였습니다.

연한 글씨 위에 덮어쓰기 연습을 충분히 하여 어린이들이 바르게 글씨쓰는 습관이 되도록 하였습니다.

학습에 흥미를 유발하고 효과를 높이기 위하여 실물 사진과 그림을 충분하게 넣어 흥미롭게 익히며 각 페이지를 차근차근 넘겨가면서 학습하다보면 자신도 모르게 반복하게 되어 저절로 익혀지고 예쁘게 바르게 쓸 수 있도록 구성하였습니다.

본 책은 (주)미래엔 제작 교육부에서 발행한 국어㉮㉯ 국어활동의 교과서를 참고하여 엮어 발행하였습니다.

예쁜 손 글씨를 잘 쓰려면

- 글씨를 잘 쓰려면 많이 써야 하고, 많이 보아야 하며, 많이 읽어야 합니다. 자연스러운 마음으로 긴장하거나 흥분하는 일이 없도록 항상 평안을 유지해야 예쁘고 바르게 글씨를 쓸 수 있습니다.

- 글씨연습은 연필로 연습하는 것을 권유합니다. 볼펜은 너무 매끄럽게 나와서 빨리 써지는 반면에 글씨가 미끄러지듯 써져서 글씨체 연습에는 도움이 안됩니다.

- 잘 쓴 글씨가 반듯한 글씨체만은 아니지만 반듯하게 쓰려는 노력은 글씨를 잘 쓰기 위한 필수적인 것입니다. 자간(글자 사이의 간격이나 띄어쓰기)이 분명하게 그리고 필기 속도가 느리고 정성스럽게 또박또박 쓰기 연습이 필요합니다.

책상에 앉아서 바른 자세로 글씨 쓰기 습관을 갖도록 해 봅시다.

엄지손가락과 집게손가락으로 연필을 잡고 가운데 손가락으로 연필을 받쳐 쓰세요.

공책을 반듯하게 펴세요.

팔꿈치를 앞으로 내밀거나 몸을 옆으로 기울지 않습니다.

고개를 너무 숙이지 마세요

등을 곧게 펴고 앉으며 공책과 눈의 거리는 약 30cm 정도가 되게 하세요.

허리를 펴고 앉으세요.

엉덩이가 의자 맨 뒤까지 닿도록 앉으세요.

선생님의 말씀을 잘 듣고, 연필을 바르게 잡아 봅시다.

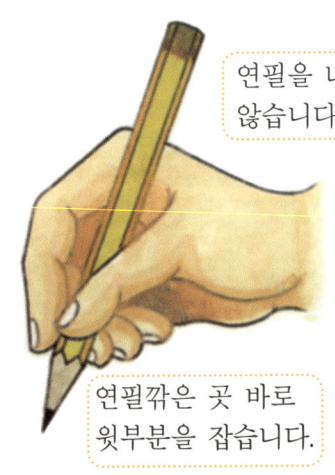

연필을 가운데손가락으로 받치고, 엄지손가락과 집게손가락을 모아 잡습니다.

연필과 바닥의 각도는 옆으로 보아 약 50° 정도가 되면 적당합니다.

연필을 너무 세우지 않습니다.

적당한 힘을 주어 잡습니다.

연필깎은 곳 바로 윗부분을 잡습니다.

 다음 그림에서 어떤 자세가 바른 자세인지 살펴 봅시다.

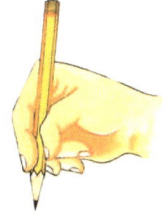
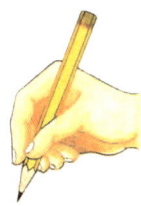

한글쓰기와 국어활동 학습법

- 교과서 학습에 맞게 지시문을 넣었습니다.
- 연한 글씨 위에 덮어 써 보면서 큰 소리로 읽어 봅시다.
- 교과서 과목과 쪽수를 알려줌으로 예습과 복습에 편리함을 주었습니다.
- 연한 글씨 위에 덮어 써 본 글자를 빈칸에 바르게 써 봅시다.
- 생생한 실물 사진을 넣어 학습 효과를 높였습니다.
- 사진을 보고 낱말을 써 보고 사물을 익혀 봅시다.

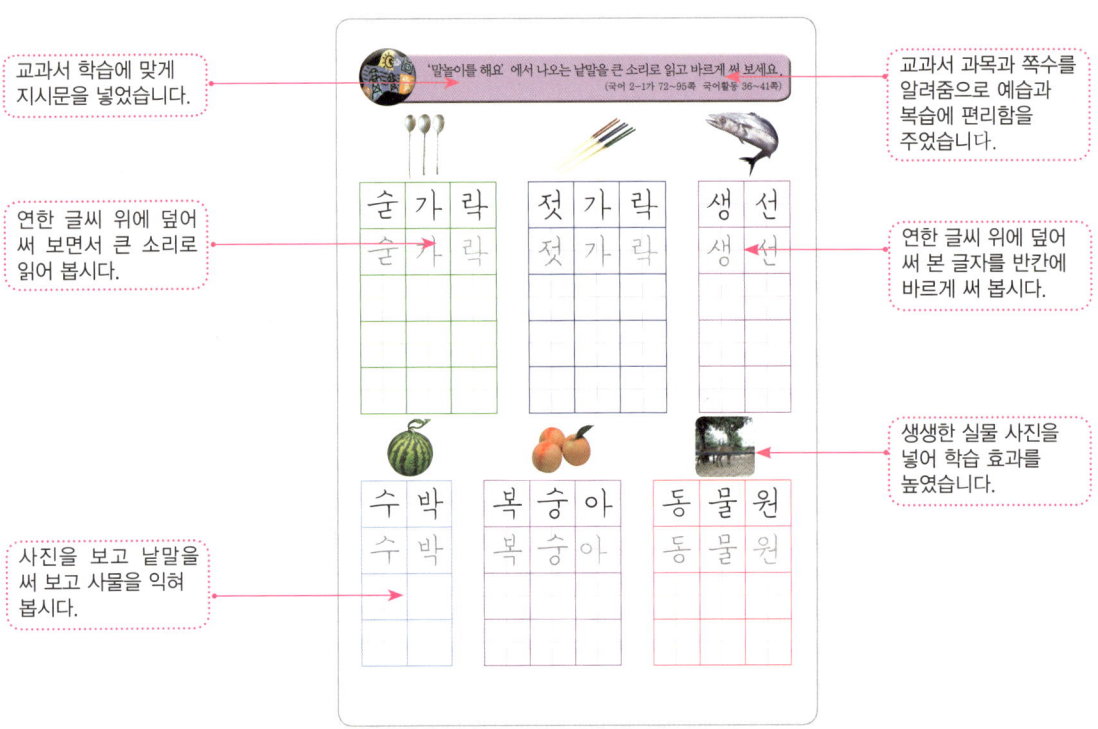

- 원고지와 같이 꾸며 쓰기 연습을 하면서 문장부호 및 띄어 쓰기를 자연스럽게 익힐 수 있게 하였습니다.
- 글씨 순서를 생각하며 소리 내어 앞에서 학습된 문장을 읽으면서 바르게 써 봅시다.
- 줄을 보고 글씨 모양을 생각하여 바르고 예쁘게 써 봅시다.

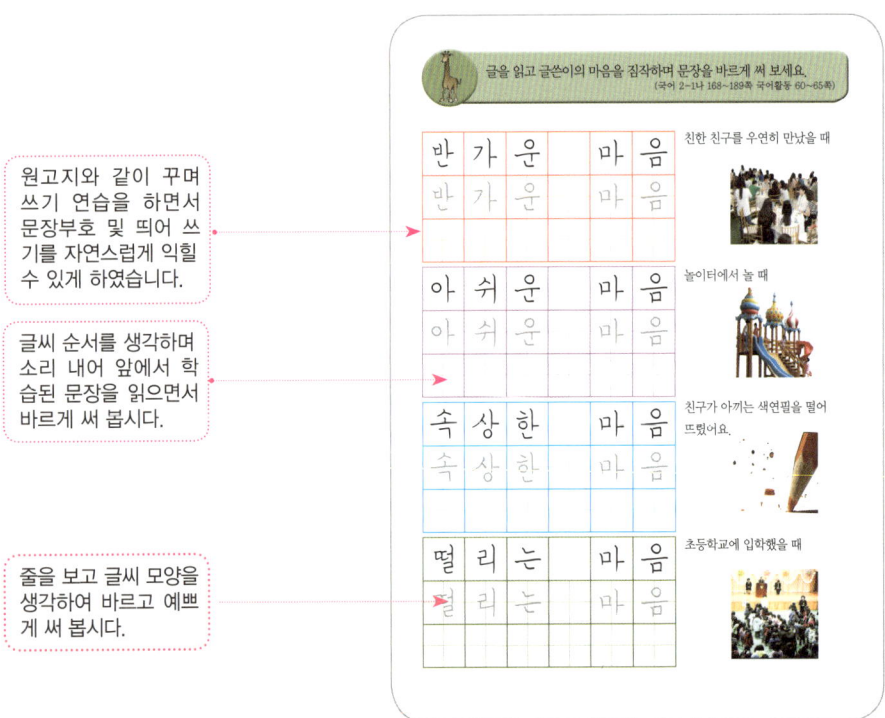

한글쓰기와 국어활동

차례

학습도우미

한글쓰기와 국어활동 학습법 ················ 08

2-1 가

1. 시를 즐겨요 ·························· 11
2. 자신있게 말해요 ····················· 19
3. 마음을 나누어요 ····················· 27
4. 말 놀이를 해요 ······················ 37
5. 낱말을 바르게 정확하게 써요 ········ 47
6. 차례대로 말해요 ····················· 55

2-1 나

7. 친구들에게 알려요 ·························· 61

8. 마음을 짐작해요 ···························· 73

9. 생각을 생생하게 나타내요 ················ 83

10. 다른 사람을 생각해요 ····················· 103

11. 상상의 날개를 펴요 ······················ 111

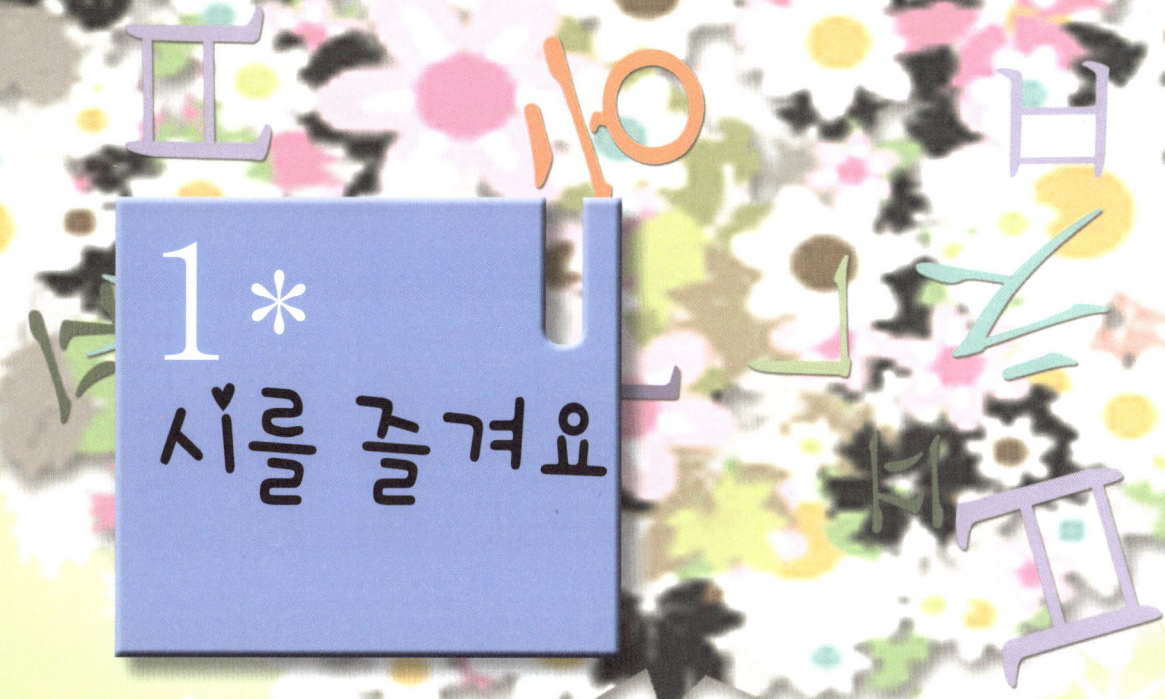

1. 시를 즐겨요

 인물의 마음을 상상하며 시를 읽어 봅시다.

1. 장면을 떠올리며 시 읽기를 해 봅시다.
2. 시 속 인물의 마음을 상상해 봅시다.
3. 시 속 인물의 마음을 상상하며 시 읽기를 해 봅시다.
4. 좋아하는 시를 낭송 해 봅시다.

시 '봄'에서 나오는 문장을 큰 소리 내어 읽고 바르게 써 보세요.
(국어 2-1 가 6~25쪽 국어활동 6~11쪽)

● 고양이는

| 부 | 뚜 | 막 | 에 | 서 | | 가 | 릉 | 가 | 릉 |

● 아기 바람이

| 나 | 뭇 | 가 | 지 | 에 | 서 | | 소 | 올 | 소 | 올 |

● 아저씨 해님이

| 하 | 늘 | | 한 | 가 | 운 | 데 | 서 | | 째 | 앵 | 째 | 앵 |

● 우리 아기는

| 아 | 래 | | 발 | 치 | 에 | 서 | | 코 | 올 | 코 | 올 |

시 '강아지풀'에서 나오는 문장을 큰 소리 내어 읽고 바르게 써 보세요.
(국어 2-1 가 6~25쪽 국어활동 6~11쪽)

꾸	벅	꾸	벅
꾸	벅	꾸	벅

강	아	지	풀
강	아	지	풀

콧	구	멍	에
콧	구	멍	에

간	질	간	질
간	질	간	질

어	라	,	이	게		아	닌	데
어	라	,	이	게		아	닌	데

 다음 문장을 큰 소리 내어 읽고 바르게 써 보세요.
(국어 2-1 가 6~25쪽 국어활동 6~11쪽)

신	나	는		마	음
신	나	는		마	음

답	답	한		마	음
답	답	한		마	음

조	마	조	마	한		마	음
조	마	조	마	한		마	음

즐	거	운		마	음
즐	거	운		마	음

 시 '떡볶이'에서 나오는 문장을 큰 소리 내어 읽고 바르게 써 보세요.

(국어 2-1 가 6~25쪽 국어활동 6~11쪽)

달콤하고  매콤하고

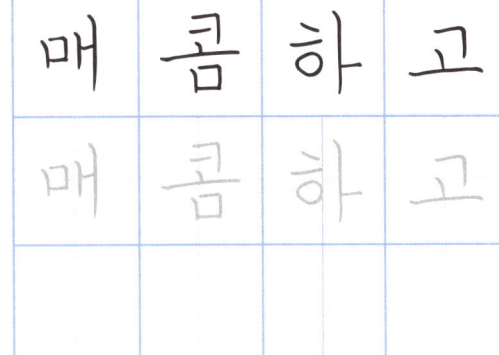

콧잔등에 땀이 송골송골

단짝끼리 오순도순

시 '숨바꼭질하며'에서 나오는 문장을 큰 소리 내어 읽고 바르게 써 보세요.

(국어 2-1 가 6~25쪽 국어활동 6~11쪽)

숨	바	꼭	질
숨	바	꼭	질

머	리	카	락
머	리	카	락

치	맛	자	락
치	맛	자	락

발	뒤	꿈	치
발	뒤	꿈	치

숨	어	라
숨	어	라

찾	았	다
찾	았	다

대	문
대	문

시 '잠자는 사자'에서 나오는 문장을 큰 소리 내어 읽고 바르게 써 보세요. (국어 2-1가 6~25쪽 국어활동 6~11쪽)

잠자는 사자

으르렁 드르렁

드르르르 푸우

아버지 콧속에서

시 '잠자는 사자'에서 나오는 문장을 큰 소리 내어 읽고 바르게 써 보세요. (국어 2-1가 6~25쪽 국어활동 6~11쪽)

사자 한 마리

울부짖고 있다.

생쥐처럼 살금살금

양말을 벗겨 드렸다.

2. 자신 있게 말해요

 여러 사람 앞에서 자신 있게 말해 봅시다.

둘

1. 바른 자세로 자신 있게 말해 봅시다.
2. 여러 상황에서 자신 있게 말해 봅시다.
3. 글을 읽고 떠오르는 생각을 자신 있게 말해 봅시다.
4. 좋아하는 책을 친구에게 소개해 봅시다.

- 바른 자세로 자신 있게 말하는 자신의 모습을 상상해 봅시다.
- 들을 때에는 어떻게 해야 하는지도 생각해 봅시다.

'아주 무서운날'에 나오는 문장을 큰 소리로 읽고, 바르게 써 보세요.

(국어 2-1 가 26~43쪽 국어활동 12~17쪽)

| 심 | 장 | 이 | | 쿵 | 쾅 | 쿵 | 쾅 |

| 온 | 몸 | 이 | | 화 | 끈 | 화 | 끈 |

| 눈 | 앞 | 이 | | 캄 | 캄 | 했 | 어 | 요. |

 '자신 있게 말해요'에 나오는 문장을 큰 소리로 읽고 바르게 써 보세요.
(국어 2-1 가 26~43쪽 국어활동 12~17쪽)

알맞은 크기의 목
소리로 말한다.
또박또박 말한다.
바라보며 말한다.

'자신 있게 말해요'에 나오는 낱말을 큰 소리로 읽고 바르게 써 보세요.
(국어 2-1 가 26~43쪽 국어활동 12~17쪽)

파	란	색
파	란	색

발	표
발	표

수	의	사
수	의	사

목	소	리
목	소	리

아	픈		동	물
아	픈		동	물

'자신 있게 말해요'에 나오는 낱말을 큰 소리로 읽고 바르게 써 보세요.

(국어 2-1 가 26~43쪽 국어활동 12~17쪽)

넓은 바다

놀이공원

불

소방관

가위바위보

'자신 있게 말해요'에 나오는 낱말을 큰 소리로 읽고 바르게 써 보세요.

(국어 2-1 가 26~43쪽 국어활동 12~17쪽)

피 아 노	거 울	노 래	연 습
피 아 노	거 울	노 래	연 습

쓰 레 기	책	학 용 품	칠 판
쓰 레 기	책	학 용 품	칠 판

'자신 있게 말해요'에 나오는 낱말을 큰 소리로 읽고 바르게 써 보세요.
(국어 2-1 가 26~43쪽 국어활동 12~17쪽)

| 숲 | 자 | 동 | 차 | 두 | 꺼 | 비 | 해 | 송 |

| 들 | 고 | 양 | 이 | 종 | 달 | 새 | 바 | 람 |

 '자신 있게 말해요'에 나오는 낱말을 큰 소리로 읽고 바르게 써 보세요.

(국어 2-1 가 26~43쪽 국어활동 12~17쪽)

다	람	쥐
다	람	쥐

육	교
육	교

찻	길
찻	길

또	박	또	박		말	하	니	까
또	박	또	박		말	하	니	까

알	아	듣	기		쉬	웠	어	.
알	아	듣	기		쉬	웠	어	.

3* 마음을 나누어요

 마음을 나타내는 여러 가지 말을 알고 글에 나오는 인물의 마음을 말해 봅시다

셋

1. 마음을 나타내는 말을 사용해 마음을 표현해 봅시다.
2. 인물의 마음을 생각하며 글 읽기를 합시다.
3. 인물의 마음을 이해하며 만화 영화 보기 해 봅시다.
4. 마음을 나타내는 말을 사용해 역할놀이 해 봅시다.

 '마음을 나누어요'에서 나오는 문장을 큰소리로 읽고 바르게 써 보세요.

(국어 2-1가 46~71쪽 국어활동 18~35쪽)

기	뻐	요		즐	거	워	요	
슬	퍼	요			행	복	해	요
부	끄	러	워	요				
놀	랐	어	요		속	상	해	요

'마음을 나누어요'에서 나오는 낱말을 큰소리로 읽고 바르게 써 보세요.

(국어 2-1가 46~71쪽 국어활동 18~35쪽)

| 몸짓 | 동작 | 조금 | 많이 |

| 가끔 | 자주 | 월요일 | 행복 |

| 선물 | 질투 | 칭찬 | 홈런 |

'마음을 나누어요'에서 나오는 낱말을 큰소리로 읽고 바르게 써 보세요.

(국어 2-1가 46~71쪽 국어활동 18~35쪽)

마	음
마	음

색	깔
색	깔

보	송	보	송
보	송	보	송

겨	울	바	람
겨	울	바	람

폭	신	한
폭	신	한

느	낌
느	낌

놀	이	터
놀	이	터

용	서
용	서

기	쁨
기	쁨

허	공
허	공

'마음을 나누어요'에서 나오는 낱말을 큰소리로 읽고 바르게 써 보세요.

(국어 2-1가 46~71쪽 국어활동 18~35쪽)

박	수
박	수

춤	을		추	면	서
춤	을		추	면	서

운	동	장
운	동	장

어	마	어	마
어	마	어	마

표	현
표	현

뉘	우	침
뉘	우	침

행	동
행	동

양	심
양	심

가	족
가	족

 '마음을 나누어요'에서 나오는 낱말을 큰소리로 읽고 바르게 써 보세요. (국어 2-1가 46~71쪽 국어활동 18~35쪽)

| 넓은 | 찻길 | 마을 | 쌩쌩 |

| 자동차 | 고라니 | 고양이 |

| 가족 | 종달새 | 두꺼비 |

'마음을 나누어요'에서 나오는 낱말을 큰소리로 읽고 바르게 써 보세요. (국어 2-1가 46~71쪽 국어활동 18~35쪽)

파	란	색

또	박	또	박

여	행

경	찰	서

소	방	관

수	의	사

피	아	노

가	위

바	위

보

'마음을 나누어요'에서 나오는 낱말을 큰소리로 읽고 바르게 써 보세요. (국어 2-1가 46~71쪽 국어활동 18~35쪽)

널	뛰	기

주	사	위

귀	여	운

연	습

노	래

발	표

친	구

조	용	히

쓰	레	기

동	물

'마음을 나누어요'에서 나오는 낱말을 큰소리로 읽고 바르게 써 보세요.

(국어 2-1가 46~71쪽 국어활동 18~35쪽)

간	지	럼

놀	이	공	원

웃	음

아	이	스	크	림

형	제

실	망

토	마	토

단	추

살	랑	살	랑

'마음을 나누어요'에서 나오는 낱말을 큰소리로 읽고 바르게 써 보세요.

(국어 2-1가 46~71쪽 국어활동 18~35쪽)

토실토실　웃음　학교　공

저녁밥　폭풍　시소　눈물

돈주머니　문방구　김밥

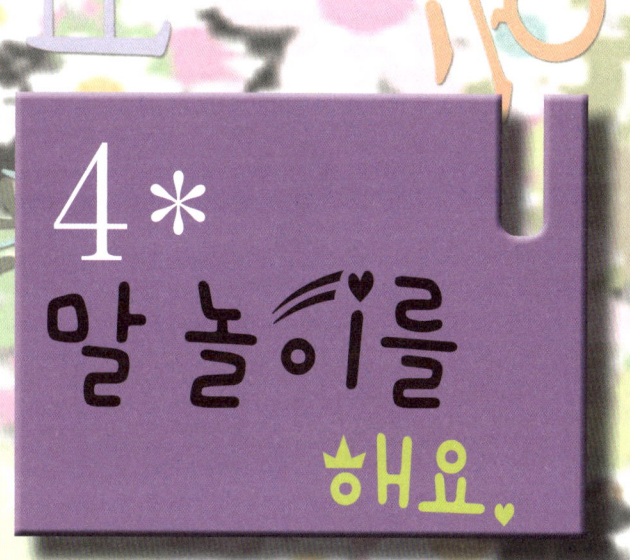

4. 말놀이를 해요

 낱말의 소리와 뜻을 생각하며 여러 가지 말놀이를 해 봅시다.

1. 재미있는 말놀이를 해 봅시다.
2. 주변의 여러 가지 낱말을 찾아 말놀이를 해봅시다.
3. 말 덧붙이기 놀이를 해 봅시다.
4. 우리 주변의 낱말에 관심을 가져 봅시다.

 '말놀이를 해요'에서 나오는 낱말을 큰 소리로 읽고 바르게 써 보세요.

(국어 2-1가 72~95쪽 국어활동 36~41쪽)

그네   대나무   인형   달래

 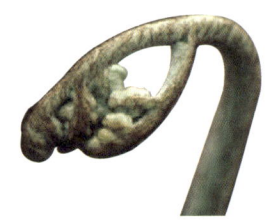 

참기름   고사리   콩나물

'말놀이를 해요'에서 나오는 낱말을 큰 소리로 읽고 바르게 써 보세요.

(국어 2-1가 72~95쪽 국어활동 36~41쪽)

우	체	통
나	뭇	잎
비	행	기

손	가	락
시	루	떡
꽃	집

'말놀이를 해요'에서 나오는 낱말을 큰 소리로 읽고 바르게 써 보세요.
(국어 2-1가 72~95쪽 국어활동 36~41쪽)

● 끝말 잇기 놀이 ●

음	식	식	사	사	과	과	수	원
음	식	식	사	사	과	과	수	원

원	두	막	막	국	수	수	박
원	두	막	막	국	수	수	박

'말놀이를 해요'에서 나오는 낱말을 큰 소리로 읽고 바르게 써 보세요.

(국어 2-1가 72~95쪽 국어활동 36~41쪽)

● 첫 글자로 말 잇기 놀이 ●

나	무
나	무

나	비
나	비

나	라
나	라

나	사
나	사

  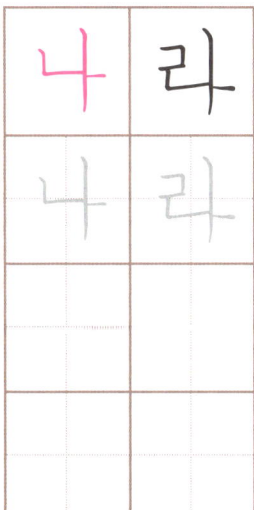

나	이	테
나	이	테

나	팔	수
나	팔	수

나	이
나	이

'말놀이를 해요'에서 나오는 낱말을 큰 소리로 읽고 바르게 써 보세요.

(국어 2-1가 72~95쪽 국어활동 36~41쪽)

딸	기	사	과	빗	자	루	안	경
딸	기	사	과	빗	자	루	안	경

장	미	꽃	안	개	꽃	국	화
장	미	꽃	안	개	꽃	국	화

'말놀이를 해요'에서 나오는 낱말을 큰 소리로 읽고 바르게 써 보세요.

(국어 2-1가 72~95쪽 국어활동 36~41쪽)

하늘 나무 산 건물

높다 넓다 깊다 많다

 '말놀이를 해요'에서 나오는 낱말을 큰 소리로 읽고 바르게 써 보세요.

(국어 2-1가 72~95쪽 국어활동 36~41쪽)

과일 가게

채소 가게

생선 가게

꽃 가게

 '말놀이를 해요'에서 나오는 낱말을 큰 소리로 읽고 바르게 써 보세요.

(국어 2-1가 72~95쪽 국어활동 36~41쪽)

숟	가	락
숟	가	락

젓	가	락
젓	가	락

생	선
생	선

수	박
수	박

복	숭	아
복	숭	아

동	물	원
동	물	원

 '말놀이를 해요'에서 나오는 낱말을 큰 소리로 읽고 바르게 써 보세요.

(국어 2-1가 72~95쪽 국어활동 36~41쪽)

얼	룩	말	사	자	토	끼	사	슴
얼	룩	말	사	자	토	끼	사	슴

동	그	라	미	네	모	세	모
동	그	라	미	네	모	세	모

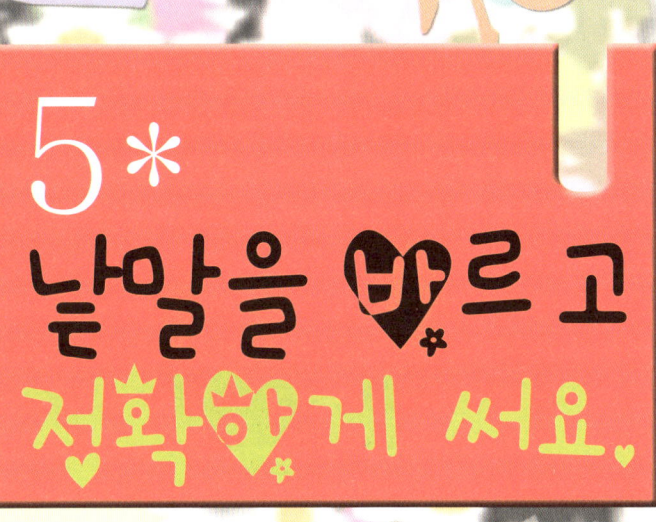

5. 낱말을 바르고 정확하게 써요.

 알맞은 낱말을 사용해 마음을 전하는 글을 써 봅시다.

섯

1. 소리가 비슷한 낱말의 뜻을 구분해 봅시다.
2. 소리가 비슷한 낱말에 주의하며 글씨를 읽어봅시다.
3. 알맞은 낱말을 사용해 마음을 전하는 글을 바르게 써 봅시다.
4. 마음을 전하는 편지를 써 봅시다.

 소리가 비슷한 낱말을 읽고, 바르게 써 보세요.

(국어 2-1가 96~117쪽 국어활동 42~47쪽)

반	드	시

<u>반드시</u> 책을 50권 이상 읽겠습니다.

반	듯	이

책이 <u>반듯이</u> 꽂혀 있습니다.

식	혀	서

뜨거운 국은 <u>식혀서</u> 먹어야 합니다.

시	켜	서

누나가 <u>시켜서</u> 내 방을 정리합니다.

소리가 비슷한 낱말을 읽고, 바르게 써 보세요.
(국어 2-1가 96~117쪽 국어활동 42~47쪽)

거	름

밭에는 농부들이 거름 주기에 분주합니다.

거름: 식물이 잘 자라도록 땅을 기름지게 하기 위하는 주는 물질

걸	음

아기가 걸음마를 연습을 하고 있어요.

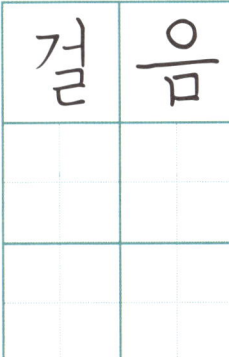

걸음: 두 발을 번갈아 옮겨 놓은 동작

맞	히	다

친구는 어려운 퍼즐도 잘 맞히는 재주가 있어요.

맞히다: 맞다(문제에 대한 답이 틀리지 아니하다.)

마	치	다

학교 수업을 마치고 집으로 갑니다.

마치다: 어떤 일이나 과정, 절차 따위가 끝나다.

49

소리가 비슷한 낱말을 읽고, 바르게 써 보세요.
(국어 2-1가 96~117쪽 국어활동 42~47쪽)

이	따	가

이따가 쉬는 시간에 보자.

이따가 : 조금 지난 뒤에

있	다	가

옆에 친구가 있다가 없으니 허전하다.

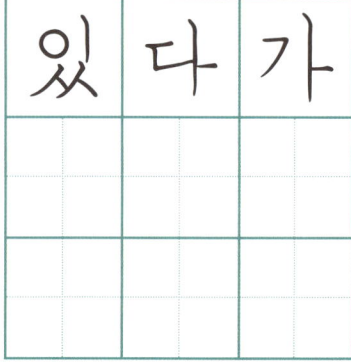

있다가 : 사람이나 동물이 어느 곳에 떠나거나 벗어나지 아니하고 머문다.

달	이	다

지금 한약을 달이고 있어요.

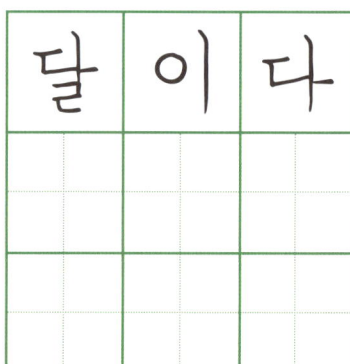

달이다 : 액체 따위를 끓여서 진하게 만들다.

다	리	다

엄마가 다리미로 쭈글쭈글한 손수건을 다리고 있어요.

다리다 : 옷이나 천 따위의 주름이나 구김을 펴고 줄을 세우기 위하여 다리미나 인두로 문지르다.

소리가 비슷한 낱말을 읽고, 바르게 써 보세요.

(국어 2-1가 96~117쪽 국어활동 42~47쪽)

느	리	다

달팽이의 걸음이 느리다.

느리다 : 어떤 동작을 하는 데 걸리는 시간이 길다.

늘	이	다

고무줄을 길게 늘이다.

늘리다 : (발음 : 느리다.) 본디보다 더 길게 하다.

깊	다

우물이 깊다.

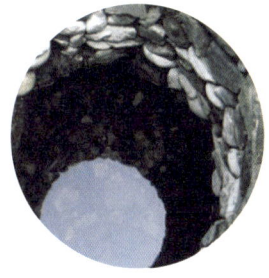

깊다 : (발음 : 깁따.) 겉에서 속까지의 거리가 멀다.

깁	다

구멍난 양말을 깁다.

깁다 : [발음:깁따] 떨어지거나 해어진 곳에 다른 조각을 대어 꿰매다.

소리가 비슷한 낱말을 읽고, 바르게 써 보세요.
(국어 2-1가 96~117쪽 국어활동 42~47쪽)

같	다

정말 호랑이 같다.

같다 : (발음 : 갇따) 다른 것과 비교하여 그것과 다르지 않다.

갔	다

"우리가 이야기 나라에 갔다 온 것 같아"

가다 : 한 곳에서 다른 곳으로 장소를 이동하다.

부	치	다

우체국에서 편지를 부치다.

부치다 : 편지나 물건 따위를 일정한 방법을 써 상대에게로 보내다.

붙	이	다

칭찬 딱지를 붙이다.

붙이다 : 맞닿아 떨어지지 아니하다.

소리가 비슷한 낱말을 읽고, 바르게 써 보세요.

(국어 2-1가 96~117쪽 국어활동 42~47쪽)

맞 습 니 다

1번 문제의 답은 3번이 맞습니다.

맞다 : 문제에 대한 답이 틀리지 아니하다.

맡 습 니 다

학교 반장을 맡습니다.

맡다 : 어떤 일에 대한 책임을 지고 담당하다.

바 칩 니 다

부모님께 꽃을 바칩니다.

바치다 : 웃어른에게 정중하게 드리다.

받 칩 니 다

비가와서 우산을 받칩니다.

받치다 : 물건의 밑이나 옆 따위에 다른 물체를 대다.

 고마운 마음을 전하는 편지를 읽고 다음 문장을 바르게 써 보세요.
(국어 2-1가 96~117쪽 국어활동 42~47쪽)

받는 사람 할아버지, 할머니께

첫 인사 안녕하세요. 저 수현이예요.

항상 저를 돌봐주시고 사랑해

주셔서 고맙습니다.

끝 인사 건강하게 오래오래 사세요.

쓴 날자

쓴 사람

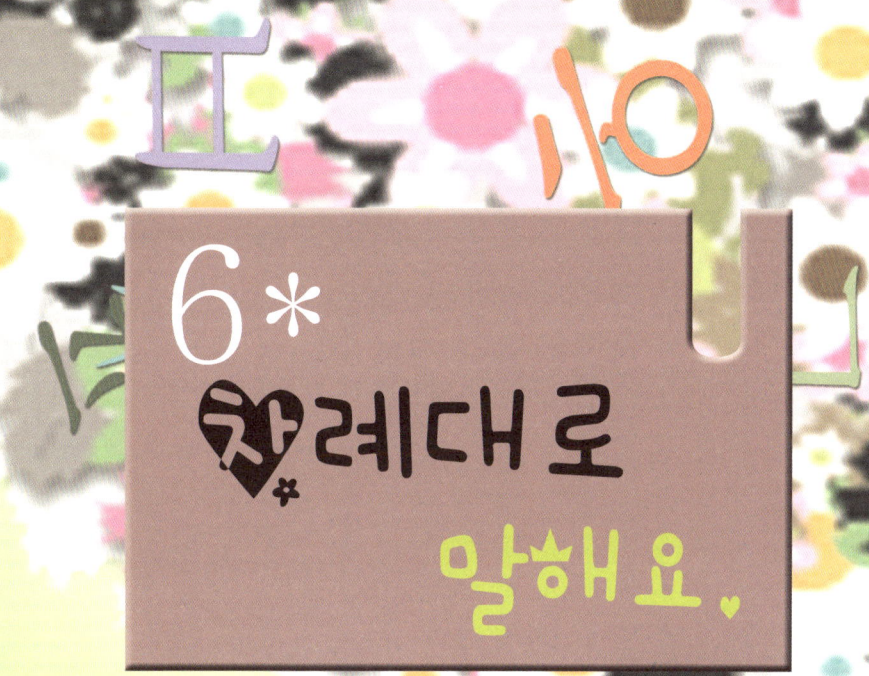

6. 차례대로 말해요.

 일이 일어난 차례를 생각하며 겪은 일을 이야기로 표현해 봅시다.

여섯

1. 차례를 나타내는 말을 생각하며 이야기를 들어 봅시다.
2. 일이 일어난 차례를 생각하며 말해 봅시다.
3. 겪은 일을 차례대로 글로 써 봅시다.
4. 미래 일기를 써 봅시다.

차례를 생각하며 겪은 일을 이야기 해 보고 낱말을 읽고 바르게 써 보세요. (국어 2-1가 96~117쪽 국어활동 42~47쪽)

● 계절에 따라 무엇이 바뀌고 있나요 ●

봄

| 개 | 나 | 리 | 진 | 달 | 래 |

| 여 | 름 |

| 바 | 다 | 장 | 미 |

| 가 | 을 |

| 단 | 풍 | 추 | 석 |

| 겨 | 울 |

| 함 | 박 | 눈 |

시간을 나타내는 말의 문장을 바르게 써 보세요.
(국어 2-1가 118~137쪽 국어활동 48~53쪽)

공원에 도착

식물 살펴보기

가족과 점심 먹기

놀이터에서 놀기

 시간을 나타내는 말의 문장을 바르게 써 보세요.
(국어 2-1가 118~137쪽 국어활동 48~53쪽)

　아침에　언니들은　궁전에　갈　준비를　했어요.

　오후에　호박　마차를　타고　궁전에　갈　수　있어

　밤　열두　시가　되자　신데렐라는　궁전　밖으로　급하게　뛰기　시작했어.

 시간을 나타내는 말의 문장을 바르게 써 보세요.
(국어 2-1가 118~137쪽 국어활동 48~53쪽)

캄캄한 밤

어느 날 아침

한밤중

며칠 뒤

순서

 시간을 나타내는 말의 낱말을 바르게 써 보세요.
(국어 2-1가 118~137쪽 국어활동 48~53쪽)

| 아 | 침 | | 낮 | | 오 | 후 | | 저 | 녁 |

| 오 | 전 | | 점 | 심 | | 시 | 계 | | 차 | 례 |

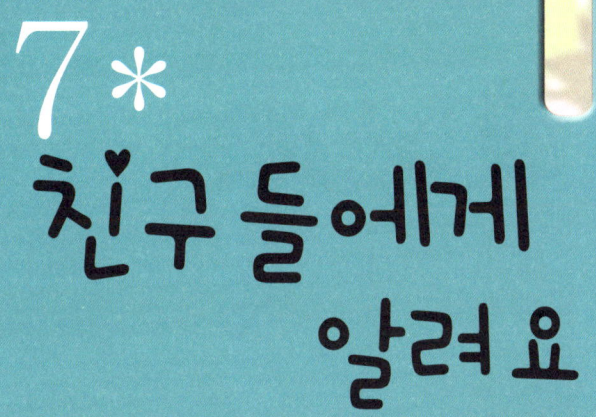

7. 친구들에게 알려요

 글에서 주요 내용을 확인하고, 주변에 있는 물건을 설명해 봅시다.

일곱

1. 글을 읽고 주요 내용을 확인해 봅시다.
2. 주변의 물건에 대해서 설명해 봅시다.
3. 받침이 뒷말 첫소리가 되는 낱말을 바르게 읽읍시다.
4. 발명하고 싶은 물건을 설명해 봅시다.

 다음 낱말을 큰 소리 내어 읽고, 바르게 써 보세요. 우리 주변의 물건에 대해 알아보고 설명해 봅시다. (국어 2-1나 146~167쪽 국어활동 54~63쪽)

박	물	관
박	물	관

장	난	감
장	난	감

인	형
인	형

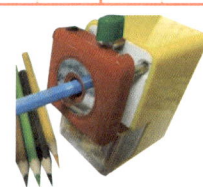

실	내	화
실	내	화

연	필	깎	이
연	필	깎	이

곰
곰

다음 낱말을 큰 소리 내어 읽고, 바르게 써 보세요. 우리 주변의 물건에 대해 알아보고 설명해 봅시다. (국어 2-1나 146~167쪽 국어활동 54~63쪽)

자동차

풍선

쓰레기통

딸기

아이스크림

모자

다음 낱말을 큰 소리 내어 읽고, 바르게 써 보세요. 우리 주변의 물건에 대해 알아보고 설명해 봅시다. (국어 2-1나 146~167쪽 국어활동 54~63쪽)

야	구
야	구

노	란	색		모	자
노	란	색		모	자

필	통
필	통

교	실
교	실

가	방
가	방

시	계
시	계

 다음 낱말을 큰 소리 내어 읽고, 바르게 써 보세요. 우리 주변의 물건에 대해 알아보고 설명해 봅시다. (국어 2-1나 146~167쪽 국어활동 54~63쪽)

신	발
문	어
텔	레	비	전

라	디	오
전	화	기
낙	엽

다음 문장을 큰 소리 내어 읽고, 바르게 써 보세요. 우리 주변의 물건에 대해 알아보고 설명해 봅시다. (국어 2-1나 146~167쪽 국어활동 54~63쪽)

옛날 전화기는 손가락으로 돌릴 수 있는 동그란 장치가 있습니다.

옛날 텔레비전은 네모 상자 모양입니다.

다음 낱말을 큰 소리 내어 읽고, 바르게 써 보세요. 우리 주변의 물건에 대해 알아보고 설명해 봅시다. (국어 2-1나 146~167쪽 국어활동 54~63쪽)

민	속		박	물	관
민	속		박	물	관

전	화	기
전	화	기

옛	날		라	디	오
옛	날		라	디	오

 다음 이솝우화 '욕심 많은 개'의 내용을 읽고 문장을 바르게 써 보세요

(국어 2-1나 146~167쪽 국어활동 54~63쪽)

구름이 없는 화창한 날이었어요. 어느 날, 욕심

많은 개가 집으로 가는 길에 떨어진 고깃덩이를 보

았어요. 개는 떨어진 고기를 얼른 입에 물고 신나게

걸어가고 있었어요. 개는 강가에 다다랐어요. 그

리고 통나무로 된 다리를 건너게 되었어요.

다음 이솝우화 '욕심 많은 개'의 내용을 읽고 문장을 바르게 써 보세요.

(국어 2-1나 146~167쪽 국어활동 54~63쪽)

통나무 다리를 건너다가 고기를 입에 물고 있는

다른개 한 마리를 발견 하고 깜짝 놀랐어요.

'저 녀석! 커다란 고깃덩이를 물고있군.'

욕심 많은 개는 그 고깃덩이를 뺏으려고 입을

크게 벌리고 으르렁거렸어요. 그러자 욕심

 다음 이솝우화 '욕심 많은 개'의 내용을 읽고 문장을 바르게 써 보세요. (국어 2-1나 146~167쪽 국어활동 54~63쪽)

많은 개가 물고 있던 고깃덩이가 그만 물속으로

풍덩 빠져 버렸어요.

욕심 많은 개는 물에 비친 개가 자신인 줄도 모

르고 물에 비친 고깃덩이를 탐내다가 결국 자신의

고기를 잃게 되었답니다.

자신이 발명하고 싶은 물건을 생각해 보고, 낱말을 예쁘고 바르게 써 보세요.　(국어 2-1나 146~167쪽 국어활동 54~63쪽)

발	명		공	책		단	추		수	건

물	건		까	닭		설	명		모	양

 자신이 발명하고 싶은 물건을 생각해 보고, 낱말을 예쁘고 바르게 써 보세요. (국어 2-1나 146~167쪽 국어활동 54~63쪽)

시	냇	물
시	냇	물

얼	음	물
얼	음	물

수	돗	물
수	돗	물

수	영	복
수	영	복

수	영	모	자
수	영	모	자

특	징
특	징

8. 마음을 짐작해요

 글쓴이의 마음을 짐작하며 글을 읽어 봅시다.

여덟

1. 글을 읽고 글쓴이의 마음을 짐작하는 방법을 알아 봅시다.
2. 글쓴이의 마음을 짐작하며 글 읽기를 해 봅시다.
3. 일이 일어난 차례를 생각 해 봅시다.
4. 이야기를 만들어 발표해 봅시다.

글을 읽고 글쓴이의 마음을 짐작하며 문장을 바르게 써 보세요.
(국어 2-1나 168~189쪽 국어활동 60~65쪽)

| 벌 | 은 | | 유 | 익 | 한 | | 곤 | 충 |

| 엄 | 지 | 손 | 가 | 락 | 만 | 한 | | 벌 |

| 어 | 휴 | , | 정 | 말 | | 무 | 서 | 웠 | 다 | . |

| 창 | 문 | | 위 | 에 | 서 | | 앵 | 앵 | 거 | 리 | 다 | . |

글을 읽고 글쓴이의 마음을 짐작하며 문장을 바르게 써 보세요.

(국어 2-1나 168~189쪽 국어활동 60~65쪽)

반	가	운		마	음
반	가	운		마	음

친한 친구를 우연히 만났을 때

아	쉬	운		마	음
아	쉬	운		마	음

놀이터에서 놀 때

속	상	한		마	음
속	상	한		마	음

친구가 아끼는 색연필을 떨어뜨렸어요.

떨	리	는		마	음
떨	리	는		마	음

초등학교에 입학했을 때

다음 '마음을 짐작해요'에서 나오는 낱말을 바르게 써 보세요.
(국어 2-1나 168~189쪽 국어활동 60~65쪽)

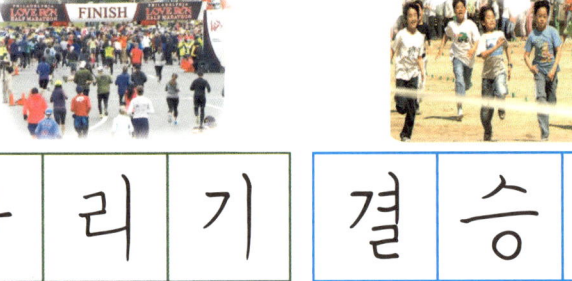

달리기

결승점

놀이터

학교

우연히

색연필

다음 '학교 텃밭에서 생긴일'에서 나오는 낱말을 바르게 써 보세요.
(국어 2-1나 168~189쪽 국어활동 60~65쪽)

옹	기	종	기
옹	기	종	기

쑥	쑥
쑥	쑥

텃	밭
텃	밭

뒤	뜰
뒤	뜰

상	추
상	추

성	큼	성	큼
성	큼	성	큼

다음 '학교 텃밭에서 생긴 일'에서 나오는 문장을 바르게 써 보세요.
(국어 2-1나 168~189쪽 국어활동 60~65쪽)

빈 우유갑에 물을 떠서 상추에 부어 주었다.

상추가 건강하게 잘 자랐으면 좋겠다.

물방울 떨어지는 소리

글을 읽고 글쓴이의 마음을 짐작하며 낱말을 바르게 써 보세요.

(국어 2-1나 168~189쪽 국어활동 60~65쪽)

균형	기운차게	자전거

고개	페달	씽긋	미소

손뼉	병원	아픈 날

아파서	갑자기	진찰

일이 일어난 차례를 생각하며 문장을 바르게 써 보세요.

(국어 2-1나 168~189쪽 국어활동 60~65쪽)

　아침에 눈을 떴을 때 몸이 아팠어요.

　어머니와 함께 병원에 가서 진찰을 받았어요.

　점심때 집에서 약을 먹고 나았어요.

　오후에는 놀이터에서 재미있게 놀았어요.

다음 글쓴이의 마음을 짐작하며 낱말을 바르게 써 보세요.

(국어 2-1나 168~189쪽 국어활동 60~65쪽)

물	방	울

양	치	질

옥	조

물	놀	이

비	누	칠

깨	끗	이

걸	레

재	활	용

지	구

소	중	히

아	껴

물	소	리

다음 글쓴이의 마음을 짐작하며 낱말을 바르게 써 보세요.

(국어 2-1나 168~189쪽 국어활동 60~65쪽)

도시락	자연스럽게
비슷한	경험	생각	처음
직접	행동	시간	비교
상황	일기	표현	까닭

9. 생각을 생생하게 나타내요.

 꾸며 주는 말을 사용해 생각이나 느낌을 자세하게 나타내여 봅시다.

1. 꾸며 주는 말을 사용해 짧은 글을 써 봅시다.
2. 주요 내용을 확인하며 글 읽기를 해 봅시다.
3. 자신의 생각을 나타내는 짧은 글을 써 봅시다.
4. 문장 만들기 놀이를 해 봅시다.

'생각을 생생하게 나타내요'에서 나오는 낱말을 큰 소리로 읽고 바르게 써 보세요. (국어 2-1나 190~215쪽 국어활동 66~71쪽)

| 불꽃 | 장화 | 우산 | 수박 |

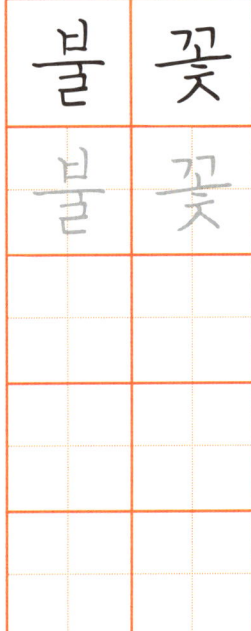

| 정확 | 실감 | 둥실둥실 |

'생각을 생생하게 나타내요'에서 나오는 낱말을 큰 소리로 읽고 바르게 써 보세요. (국어 2-1나 190~215쪽 국어활동 66~71쪽)

펄	떡	펄	떡
펄	떡	펄	떡

철	썩	철	썩
철	썩	철	썩

후	드	득
후	드	득

주	룩	주	룩
주	룩	주	룩

 꾸며 주는 말을 생각하고 낱말을 큰 소리로 읽고, 바르게 써 보세요.
(국어 2-1나 190~215쪽 국어활동 66~71쪽)

주	렁	주	렁
주	렁	주	렁

엉	금	엉	금
엉	금	엉	금

모	락	모	락
모	락	모	락

불	끈	불	끈
불	끈	불	끈

꾸며 주는 말을 생각하고 낱말을 큰 소리로 읽고, 바르게 써 보세요.
(국어 2-1나 190~215쪽 국어활동 66~71쪽)

   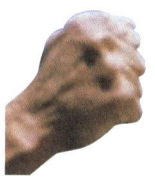

구 름   사 과   국 수   주 먹

파 도   개 구 리   거 북 선

꾸며 주는 말을 생각하고 낱말을 큰 소리로 읽고, 바르게 써 보세요.
(국어 2-1나 190~215쪽 국어활동 66~71쪽)

| 정확 | 느낌 | 생각 | 표현 |

| 흉내 | 굵은 | 아름다운 |

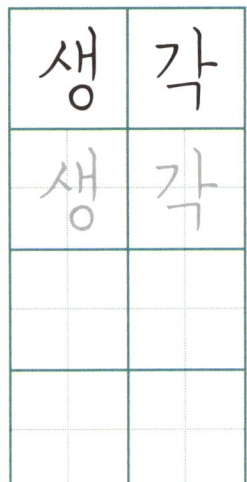

| 시원한 | 힘차게 | 노란 |

꾸며 주는 말을 생각하고 낱말을 큰 소리로 읽고, 바르게 써 보세요.
(국어 2-1나 190~215쪽 국어활동 66~71쪽)

적	절	하	게

작	은

멋	진

자	세	하	게

튼	튼	한

높	이

동	그	란

커	다	란

푸	른

 꾸며 주는 말을 생각하고 낱말을 큰 소리로 읽고, 바르게 써 보세요.
(국어 2-1나 190~215쪽 국어활동 66~71쪽)

둥	실	둥	실
둥	실	둥	실

첨	벙	첨	벙
첨	벙	첨	벙

알	록	알	록
알	록	알	록

반	짝	반	짝
반	짝	반	짝

꾸며 주는 말을 생각하고 낱말을 큰 소리로 읽고, 바르게 써 보세요.
(국어 2-1나 190~215쪽 국어활동 66~71쪽)

손에 묻은 송진이 찐득찐득하다
손에 묻은 송진이 찐득찐득하다

동생의 피부는 만질만질하다
동생의 피부는 만질만질하다

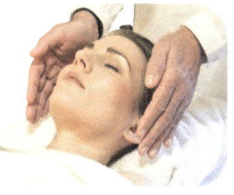

새로 빤 옷은 부들부들하다
새로 빤 옷은 부들부들하다

꾸며 주는 말을 생각하고 낱말을 큰 소리로 읽고, 바르게 써 보세요.
(국어 2-1나 190~215쪽 국어활동 66~71쪽)

그	물
그	물

즐	겁	게
즐	겁	게

물	고	기
물	고	기

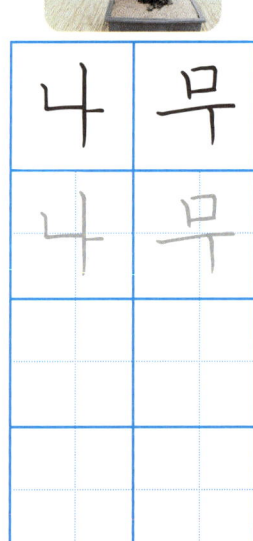

노	래
노	래

나	무
나	무

사	슴	벌	레
사	슴	벌	레

'숲속의 멋쟁이 곤충'에서 나오는 낱말을 바르게 써 보세요.
(국어 2-1나 190~215쪽 국어활동 66~71쪽)

멋	쟁	이
곤	충
나	뭇	진

| 뿔 |
| 단 | 단 | 한 |
| 껍 | 데 | 기 |

참	나	무
수	컷
더	듬	이

 '숲속의 멋쟁이 곤충'에서 나오는 낱말을 바르게 써 보세요.

(국어 2-1나 190~215쪽 국어활동 66~71쪽)

| 냄새 | 힘겨루기 | 큰턱 |

| 번쩍 | 관심 | 멋진 | 숲속 |

| 대상 | 특징 | 생활 | 까닭 |

'숲속의 멋쟁이 곤충'에서 나오는 문장을 바르게 띄어 읽고, 써 보세요.
(국어 2-1나 190~215쪽 국어활동 66~71쪽)

수컷 사슴벌레의∨생김새에서∨가장 먼

저 눈에 띄는 것은∨큰턱이에요.∨

수컷 사슴벌레는∨큰턱을 가지고 있어

요.∨ 큰턱 옆에는∨더듬이도 있어요.∨ 수컷

'숲속의 멋쟁이 곤충'에서 나오는 문장을 바르게 띄어 읽고, 써 보세요.
(국어 2-1나 190~215쪽 국어활동 66~71쪽)

사슴벌레의 등은∨단단한 껍데기로 덮여

있어요.⩔

나무 위에서 마주 선∨수컷 사슴벌레는∨큰턱을

맞대고∨상대를 밀어붙여요.⩔

 '선생님, 바보 의사 선생님'에서 나오는 낱말을 바르게 써 보세요.
(국어 2-1나 190~215쪽 국어활동 66~71쪽)

 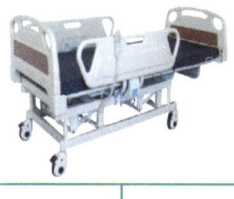 

따뜻한 손   침대   환자

 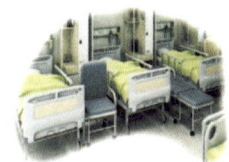 

깜깜한 밤   병실   병원

'선생님, 바보 의사 선생님'에서 나오는 낱말을 바르게 써 보세요.

(국어 2-1나 190~215쪽 국어활동 66~71쪽)

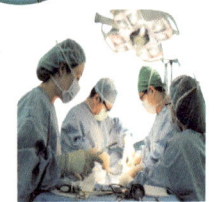

수 술 실

퇴 원

오 솔 길

진 찰 실

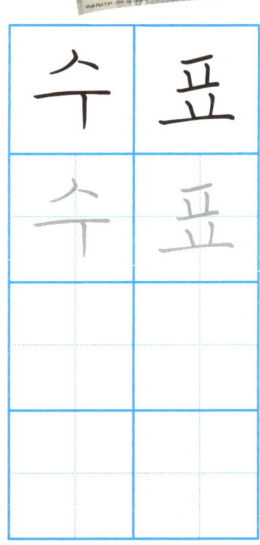

수 표

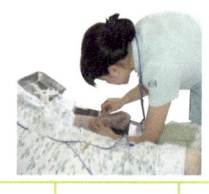

간 호 사

'선생님, 바보 의사 선생님'에서 나오는 낱말을 바르게 써 보세요.

(국어 2-1나 190~215쪽 국어활동 66~71쪽)

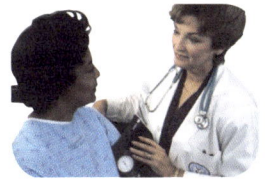 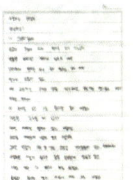  

| 의 | 사 | 편 | 지 | 학 | 교 | 가 | 슴 |

| 치 | 료 | 문 | 장 | 콩 | 닥 | 콩 | 닥 |

'선생님, 바보 의사 선생님'에서 나오는 문장을 바르게 써 보세요.
(국어 2-1나 190~215쪽 국어활동 66~71쪽)

"선생님은 어릴 때부터 의사가 되고 싶었

어요?"

"그래, 의사가 되고 싶었지. 가난하고 병든

사람을 돕는 의사. 그런데 점점 어려워지는구나.

'선생님, 바보 의사 선생님'에서 나오는 문장을 바르게 써 보세요.
(국어 2-1나 190~215쪽 국어활동 66~71)

치료에 쓰는 약이나 기구 값이 엄청나거든.

그래서 요즘은 건강할 때 조금씩 돈을 모아

서 병나고 다쳤을 때 걱정 없이 치료받을 수

있는 방법을 생각하고 있어."

꾸며 주는 말을 넣은 문장을 바르게 써 보세요.

(국어 2-1나 190~215쪽 국어활동 66~71쪽)

예쁜 나비가 훨훨 날아갑니다.

예쁜 나비가 훨훨 날아갑니다.

맛있는 볶음밥을 먹었다.

맛있는 볶음밥을 먹었다.

볶음밥을 다 먹고 준비물을 빨리 챙겼다.

볶음밥을 다 먹고 준비물을 빨리 챙겼다.

10. 다른 사람을 생각해요.

 듣는 사람의 기분을 생각하며 대화를 나누고 일기를 써 봅시다.

열

1. 듣는 사람의 기분을 생각하며 대화를 해 봅시다.
2. 고운 말로 바꾸어 말해 봅시다.
3. 경험을 떠올려 일기를 써 봅시다.
4. 고운말 쓰기를 다짐해 봅시다.

'다른 사람을 생각해요'에서 나오는 낱말을 바르게 써 보세요.

(국어 2-1나 216~239쪽 국어활동 72~77쪽)

괜	찮	아
괜	찮	아

칭	찬	한	다
칭	찬	한	다

좋	은
좋	은

고	마	워
고	마	워

비	추	다	니
비	추	다	니

어	두	운
어	두	운

힘	들	었	지	?
힘	들	었	지	?

은	은	하	게	?
은	은	하	게	?

'다른 사람을 생각해요'에서 나오는 문장을 바르게 써 보세요.

(국어 2-1나 216~239쪽 국어활동 72~77쪽)

내가 도와줄게, 같이 들어 줄까?

힘내 조금 더 높이 뛰어봐

괜찮아, 다치지 않았니?

'다른 사람을 생각해요'에서 나오는 문장을 바르게 써 보세요.
(국어 2-1나 216~239쪽 국어활동 72~77쪽)

다녀왔어.

힘들었어.

늦었어.

미안해.

뛰지 마!

어떡해!

'다른 사람을 생각해요'에서 나오는 낱말을 바르게 써 보세요.
(국어 2-1나 216~239쪽 국어활동 72~77쪽)

시끄러워?

다치겠어

운동장

결승선

빨갛게

두근두근

실례합니다

'다른 사람을 생각해요'에서 나오는 낱말을 바르게 써 보세요.

(국어 2-1나 216~239쪽 국어활동 72~77쪽)

부탁해요

다녀왔습니다

실례합니다

고마워요

미안합니다

주무셨어요

 '다른 사람을 생각해요'에서 나오는 문장을 바르게 써 보세요.

(국어 2-1나 216~239쪽 국어활동 72~77쪽)

"뛰지 마"

걸어다니면 좋겠어.

"떠들지 마"

조용히하면 좋겠어.

"복도에서 공 놀이하지 마"

운동장에서 공놀이하면 좋겠어.

'다른 사람을 생각해요'에서 나오는 문장을 바르게 써 보세요.

(국어 2-1나 216~239쪽 국어활동 72~77쪽)

나는 줄넘기를 잘 못하는 친구에게 기분

나쁜 말을 한 적이 있습니다. 다음부터는

친구에게 "잘 할 수 있어. 힘내!"라고

고운 말을 쓰겠습니다.

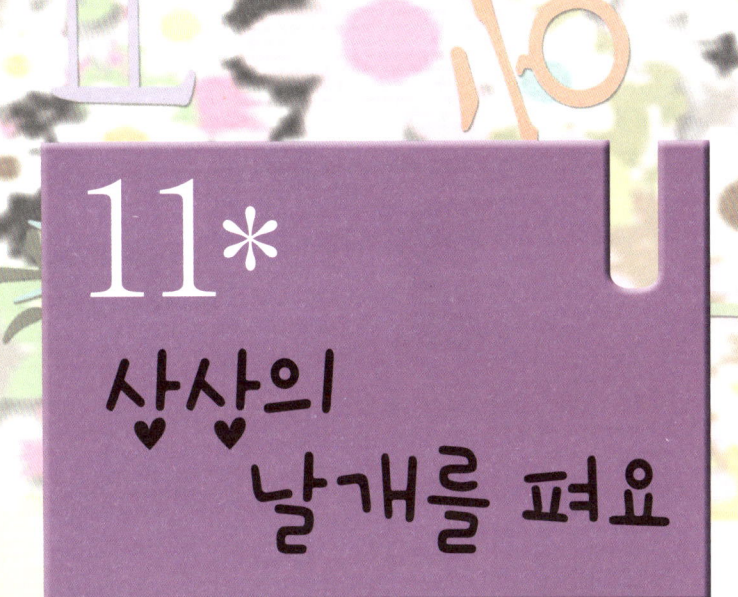

11* 상상의 날개를 펴요

 인물의 마음을 상상하며 이야기를 읽어 봅시다.

열하나

1. 이야기를 읽고 인물의 마음을 짐작해 봅시다.
2. 인물의 마음에 어울리는 목소리로 읽어 봅시다.
3. 이야기에 대한 생각과 느낌을 글로 써 봅시다.
4. 인물 카드 만들기를 해 봅시다.
5. 인물의 마음을 생각하며 역할놀이를 해 봅시다.

'상상의 날개를 펴요'에서 나오는 낱말을 바르게 써 봅시다

(국어 2-1 나 240~271쪽 국어활동 78~95쪽)

| 개 | 미 | 갑 | 옷 | 매 | 미 | 송 | 충 | 이 |

| 흉 | 년 | 먹 | 이 | 빈 | 손 | 근 | 심 |

'상상의 날개를 펴요'에서 나오는 낱말을 바르게 써 봅시다

(국어 2-1 나 240~271쪽 국어활동 78~95쪽)

여왕　마을　날개　악기

싱싱　걱정　소식　늙은

'상상의 날개를 펴요'에서 나오는 낱말을 바르게 써 봅시다

(국어 2-1 나 240~271쪽 국어활동 78~95쪽)

느	릿	느	릿

시	원	한

목	청

덮	친

상	상

의	젓	함

생	각

'상상의 날개를 펴요'에서 나오는 낱말을 바르게 써 봅시다

(국어 2-1 나 240~271쪽 국어활동 78~95쪽)

깜깜한

노랫소리

친구

입맛

행동

순전히

느낌

'신기한 독'에 등장하는 인물을 생각하며 낱말을 바르게 써 보세요.
(국어 2-1 나 240~271쪽 국어활동 78~95쪽)

기	억

햇	빛

젊	은

그	늘

감	상	문

땅	속

모	습

느	낌

'신기한 독'에 등장하는 인물을 생각하며 낱말을 바르게 써 보세요.

(국어 2-1 나 240~271쪽 국어활동 78~95쪽)

신	기	한		독

괭	이	질

부	자

영	감

원	님

농	사	꾼

 '욕심쟁이 딸기 아저씨'에 등장하는 인물을 생각하며 낱말을 바르게 써 보세요 (국어 2-1 나 240~271쪽 국어활동 78~95쪽)

딸	기	사	다	리	돼	지	과	일
딸	기	사	다	리	돼	지	과	일

욕	심	쟁	이	갈	수	록	심	통
욕	심	쟁	이	갈	수	록	심	통

 '욕심쟁이 딸기 아저씨'에 등장하는 인물을 생각하며 낱말을 바르게 써 보세요 (국어 2-1 나 240~271쪽 국어활동 78~95쪽)

| 창 | 밖 | 초 | 인 | 종 | 수 | 박 | 창 | 문 |

| 옹 | 기 | 종 | 기 | 배 | 탈 | 왁 | 지 | 지 | 껄 |

'욕심쟁이 딸기 아저씨'에 등장하는 인물을 생각하며 낱말을 바르게 써 보세요. (국어 2-1 나 240~271쪽 국어활동 78~95쪽)

양	동	이
양	동	이

손	수	레
손	수	레

아	저	씨
아	저	씨

얼	떨	결
얼	떨	결

달	콤	한
달	콤	한

시	무	룩
시	무	룩

'욕심쟁이 딸기 아저씨'에 등장하는 인물을 생각하며 낱말을 바르게 써 보세요. (국어 2-1 나 240~271쪽 국어활동 78~95쪽)

아	침
여	우
생	쥐
머	리

| 부 | 지 | 런 | 히 |

| 부 | 랴 | 부 | 랴 |

 '욕심쟁이 딸기 아저씨'에 등장하는 인물을 생각하며 낱말을 바르게 써 보세요. (국어 2-1 나 240~271쪽 국어활동 78~95쪽)

큰 솥   딸기잼   새벽   잠

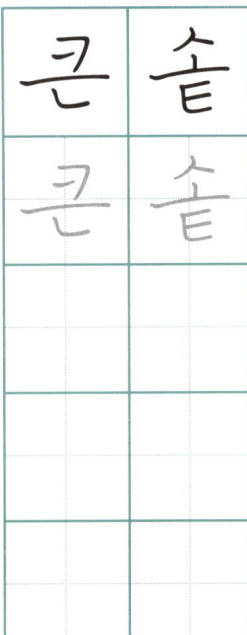 

후다닥   그렁그렁   혼자

'욕심쟁이 딸기 아저씨'에 등장하는 인물을 생각하며 낱말을 바르게 써 보세요. (국어 2-1 나 240~271쪽 국어활동 78~95쪽)

| 고 | 양 | 이 | | 간 | 판 | | 사 | 다 | 리 | | 의 | 자 |

| 용 | 감 | 하 | 게 | | 꿈 | 나 | 라 | | 표 | 정 |

'욕심쟁이 딸기 아저씨'에 등장하는 인물을 생각하며 문장을 바르게 써 보세요. (국어 2-1 나 240~271쪽 국어활동 78~95쪽)

'딸기를 좀 나누어 줄 걸 그랬나?'

'지금이라도 딸기를 가져다줄까?'

'아니야, 내가 왜 그래야 돼?'

'그래도…….'

아저씨는 이 생각, 저 생각에 뒤척이다

'욕심쟁이 딸기 아저씨'에 등장하는 인물을 생각하며 문장을 바르게 써 보세요. (국어 2-1 나 240~271쪽 국어활동 78~95쪽)

새벽이 되어서야 잠이 들었습니다.

다음 날, 아침 일찍 눈을 뜬 아저씨는 혼자서 빙그레 웃었습니다. 아저씨는 부랴부랴 자리에서 일어나 남은 딸기를 깨끗이 씻고, 꼭지를 따서 양동이에 나누어 담았습니다.

'치과 의사 도스트 선생님'에서 나오는 낱말을 바르게 써 보세요.

(국어 2-1 나 240~271쪽 국어활동 78~95쪽)

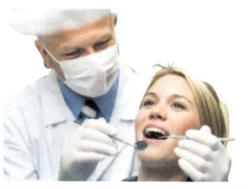   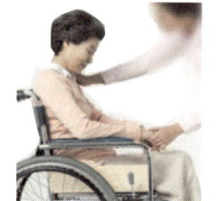

치	과	의	사	다	람	쥐	환	자
치	과	의	사	다	람	쥐	환	자

솜	씨	위	험	한	현	관	계	획
솜	씨	위	험	한	현	관	계	획

'치과 의사 도스트 선생님'에서 나오는 낱말을 바르게 써 보세요.

(국어 2-1 나 240~271쪽 국어활동 78~95쪽)

   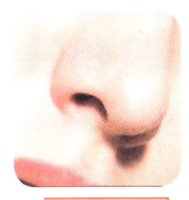

두	더	지

여	우

소	금

코

잠	꼬	대

솜	뭉	치

성	격

 '치과 의사 도스트 선생님'에서 나오는 낱말을 바르게 써 보세요.

(국어 2-1 나 240~271쪽 국어활동 78~95쪽)

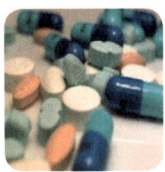   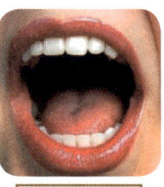 

| 약 | 생 쥐 | 계 단 | 입 | 부 부 |

| 비 틀 비 틀 | 얼 떨 떨 | 정 확 |

'치과 의사 도스트 선생님'에서 나오는 문장을 바르게 써 보세요.
(국어 2-1 나 240~271쪽 국어활동 78~95쪽)

"최근에 아내와 내가 놀라운 약을 만들었는

데, 이 약을 한 번만 바르면 죽을 때까지 이

가 안 아플 거요. 어때요?

이 특별 치료를 처음으로 받아 보지 않겠

'치과 의사 도스트 선생님'에서 나오는 문장을 바르게 써 보세요.
(국어 2-1 나 240~271쪽 국어활동 78~95쪽)

습니까?"

"좋고말고요! 이거 행운인데요."

여우가 기분 좋게 말했어요. 여우는 머리든

이든 아픈 거라면 딱 질색이었거든요.

 '토끼와 자라'를 읽어보고 낱말을 바르게 써 보세요.

(국어 2-1 나 240~271쪽 국어활동 78~95쪽)

| 토끼 | 자라 | 용궁 | 동물 |

| 깔깔 | 당황 | 육지 | 지혜 |

 다음 낱말을 순서에 맞게 연한 글씨 위에 바르게 덮어 써 보세요.

소	방	관
소	방	관
소	방	관
소	방	관
소	방	관
소	방	관

피	아	노
피	아	노
피	아	노
피	아	노
피	아	노
피	아	노

거	울
거	울
거	울
거	울
거	울
거	울

두	꺼	비
두	꺼	비
두	꺼	비
두	꺼	비
두	꺼	비

다	람	쥐
다	람	쥐
다	람	쥐
다	람	쥐
다	람	쥐

찻	길
찻	길
찻	길
찻	길
찻	길

왼쪽에서 연한 글씨 위에 덮어쓰기 연습한 낱말을 바르게 써 보세요.

소	방	관

피	아	노

거	울

두	꺼	비

다	람	쥐

찻	길

 다음 낱말을 순서에 맞게 연한 글씨 위에 바르게 덮어 써 보세요.

자	동	차
자	동	차
자	동	차
자	동	차
자	동	차
자	동	차

고	양	이
고	양	이
고	양	이
고	양	이
고	양	이
고	양	이

가	위
가	위
가	위
가	위
가	위
가	위

주	사	위
주	사	위
주	사	위
주	사	위
주	사	위

토	마	토
토	마	토
토	마	토
토	마	토
토	마	토

형	제
형	제
형	제
형	제
형	제

 왼쪽에서 연한 글씨 위에 덮어쓰기 연습한 낱말을 바르게 써 보세요

자	동	차

고	양	이

가	위

주	사	위

토	마	토

형	제

다음 낱말을 순서에 맞게 연한 글씨 위에 바르게 덮어 써 보세요.

그	네
그	네
그	네
그	네
그	네
그	네

우	체	통
우	체	통
우	체	통
우	체	통
우	체	통
우	체	통

원	두	막
원	두	막
원	두	막
원	두	막
원	두	막
원	두	막

사	과
사	과
사	과
사	과
사	과

미	끄	럼	틀
미	끄	럼	틀
미	끄	럼	틀
미	끄	럼	틀
미	끄	럼	틀

채	소
채	소
채	소
채	소
채	소

 왼쪽에서 연한 글씨 위에 덮어쓰기 연습한 낱말을 바르게 써 보세요

그	네

우	체	통

원	두	막

사	과

미	끄	럼	틀

채	소

다음 낱말을 순서에 맞게 연한 글씨 위에 바르게 덮어 써 보세요.

복	승	아
복	승	아
복	승	아
복	승	아
복	승	아
복	승	아

바	다
바	다
바	다
바	다
바	다
바	다

함	박	눈
함	박	눈
함	박	눈
함	박	눈
함	박	눈
함	박	눈

시	계
시	계
시	계
시	계
시	계

라	디	오
라	디	오
라	디	오
라	디	오
라	디	오

실	내	화
실	내	화
실	내	화
실	내	화
실	내	화

 왼쪽에서 연한 글씨 위에 덮어쓰기 연습한 낱말을 바르게 써 보세요.

복	숭	아

바	다

함	박	눈

시	계

라	디	오

실	내	화

다음 낱말을 순서에 맞게 연한 글씨 위에 바르게 덮어 써 보세요.

수	영	복
수	영	복
수	영	복
수	영	복
수	영	복
수	영	복

바	다
바	다
바	다
바	다
바	다
바	다

함	박	눈
함	박	눈
함	박	눈
함	박	눈
함	박	눈
함	박	눈

자	전	거
자	전	거
자	전	거
자	전	거
자	전	거

거	북	선
거	북	선
거	북	선
거	북	선
거	북	선

병	원
병	원
병	원
병	원
병	원

왼쪽에서 연한 글씨 위에 덮어쓰기 연습한 낱말을 바르게 써 보세요

수	영	복

바	다

함	박	눈

자	전	거

거	북	선

병	원

연습이 부족하여 좀더 연습하고자 한다면 현보문화에서 발행한 한글쓰기 시리즈 구입하여 연습하시길 바랍니다

매 장마다 별도의 투명한 종이 위에 따라 쓰기 연습을 충분히 할 수 있도록 하여 예쁘고 바르게 쓰는 습관이 되도록 하였습니다

한글쓰기-전 5 권

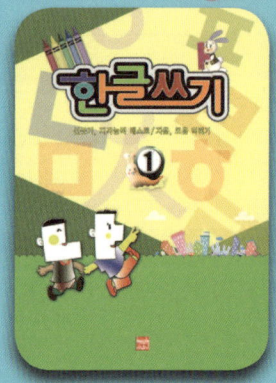

① 선긋기, 지각능력 테스트 / 자음, 모음익히기
② 낱말 익히기 / 받침없는 낱말공부
③ 낱말 익히기 / 기본 받침 있는 낱말공부
④ 낱말 익히기 / 어려운 받침 있는 낱말공부
⑤ 문장익히기

한글쓰기-전 3 권

(초급) 어려운 받침 있는 낱말과 문장 익히기
(중급) 소리, 모양, 색깔, 타는것, 반대말, 몸의 신체등 낱말 익히기
(고급) ~를, ~을, 높임말 낱말과 문장 익히기